AF451860

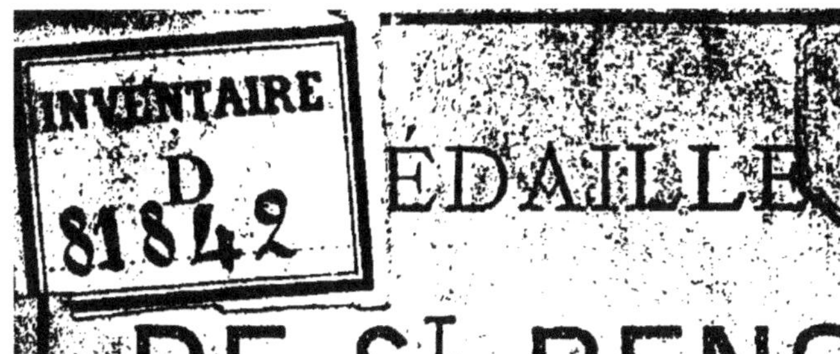

MÉDAILLE

DE S^T BENOIT

OU

EXPLICATION

De la Médaille de Saint Benoit

ACCOMPAGNÉE

De considération et d'exemples

PRIX : 15 CENTIMES

RODEZ

EZ CARRÈRE, LIBRAIRE-ÉDITEUR

—

1889

Imprimatur :
Ruthenis, 3 decembris 1888.
TRUEL, v. g.

Médaille de Saint Benoît

CHAPITRE PREMIER

Explication des signes et signification des paroles. Effets prodigieux de la médaille. Son opportunité, sa diffusion.

Une longue expérience des grâces extraordinaires, que la célèbre médaille de St Benoît a procurées aux fidèles qui s'en sont servis avec foi. l'a rendue chère à la piété catholique. depuis plus de deux siècles ; et les signes. empreints sur cette médaille. font aisément comprendre les motifs qui ont porté les chrétiens à s'en servir dans les périls de l'âme et du corps.

§ I. *Explication des signes*

Les signes placés en relief sur la croix sont : 1° le saint nom de Jésus exprimé à l'aide du monogramme ordinaire I. H. S. qui signifie en latin : *Jesus hominum salvator* ; et en français : Jésus sauveur des hommes. 2° les lettres C. S. P. B. placées en relief entre les bras de la croix signifient, en latin : *Crux sancti patris Benedicti* et en français : Croix du saint père Benoît, et elles expliquent le but de la médaille. Celles-ci. C. S. S. M. L.. placées sur la ligne perpendiculaire signifient en latin : *Crux sancta sit mihi lux.* et en français : Que la croix soit ma lumière. Celles-ci : N. D. S. M. D. placées sur la ligne horizontale de la croix. signifient en latin. *Non draco sit mihi dux*, et en français : Que le dragon ne soit pas mon chef.

Après le monogramme du saint nom de Jésus I. H. S. on trouve autour de la croix ces lettres : V. R. S. N. S. M. V. S. M. Q. L. I. V. B. Elles représentent deux vers en latin :

Vade retro Satana ; numquam suade mihi vana :
Sunt mala quæ libas : ipse venena bibas.

En français : Retire-toi Satan. ne viens pas me conseiller les vanités : le breuvage que tu verses est le mal, bois toi-même tes poisons.

§ II. *Signification des paroles*

I. H. S. Nous ne pouvons pas douter de la puissance du saint nom de Jésus sur les créatures et sur le démon lui-même.

Que la sainte croix soit ma lumière. que le dragon ne soit pas mon chef ! Le sens de ces paroles est une protestation du chrétien qui exprime sa confiance envers la sainte croix, et sa résistance au joug que le démon veut lui imposer.

St Benoît est censé avoir dit : *Retire-toi Satan. ne viens pas me conseiller les vanités.* lors de la tentation qu'il éprouva, et dont il triompha par le signe de la croix : et celles-ci : *le breuvage que tu verses est le mal, bois toi-même tes poisons* , il les prononça au moment où ses ennemis lui présentèrent un breuvage de mort, qu'il découvrit, en faisant le signe de la croix sur le vase qui le contenait.

Retire-toi Satan. le chrétien peut répéter ces paroles. toutes les fois qu'il éprouve une tentation; le Sauveur lui-même les a sanctifiées le premier pour éloigner le démon; leur valeur est garantie par le saint Evangile.

Les *vanités* que le démon conseille sont nos désobéissances à la loi de Dieu, les joies et les fausses maximes du monde.

Le *breuvage* dont nous parlons, est le *péché.* Au lieu de le boire nous le lui laissons. comme la boisson qu'il s'est lui-même choisie. Rien de plus puissant. pour résister à tous les artifices de Satan. que la croix. le saint nom de Jésus, les paroles du Sauveur prononcées dans la tentation et le souvenir des victoires que St Benoît a remportées sur le dragon infernal. La médaille baisée avec foi et avec confiance nous fortifie immédiatement et nous inspire la défiance des embûches de l'enfer.

Et quand même nous ne connaitrions pas les faits qui démontrent à quel point Satan redoute cette médaille. la seule appréciation de ce qu'elle représente et de ce qu'elle exprime, suffit pour la montrer comme une des armes les plus puissantes que Dieu met entre nos mains contre la malice des démons,

De l'autre côté, est l'effigie de saint Benoît. patriarche des moines de l'Occident, avec le costume de son ordre, tenant une croix de la main droite. Ces signes sont les seuls approuvés par Benoit XIV ; les seuls qui font connaître la véritable médaille de Saint Benoît, laquelle seule peut recevoir les bénédictions de l'Eglise.

§ III. *Effets prodigieux de la médaille.*

L'honneur de paraître sur la même médaille avec l'image de la sainte croix est déféré par l'Eglise à saint Benoît. dans le but de nous convaincre de 'efficacité que ce signe divin a entre ses mains. Elle est particulièrement en usage pour repousser les embûches du démon, dans les tentations, dans les maléfices, les situations difficiles ou dangereuses que le chrétien rencontre sur sa route. Aussi des grâces spirituelles pour les âmes, des conversions instantanées, des guérisons et des traits admirables de protection en toute sorte de dangers, démontrent chaque jour, que la confiance des fidèles, en cette précieuse médaille, ne saurait être trop encouragée. Les signes empreints sur cette médaille, nous engagent puissamment à nous en servir dans les dangers de l'âme et du corps. En effet, nous voyons d'un côté l'image de la croix, l'instrument de notre salut, le bouclier protecteur que Dieu nous donne pour parer les traits de notre ennemi ; et de l'autre, elle nous représente saint Benoît, si puissant contre les démons, par le signe de la croix. Or la réunion de ces deux forces, jointe à l'intention miséricordieuse du Sauveur des hommes, fait de cette médaille une sauvegarde assurée pour les chrétiens, et un objet de terreur pour les démons. Il est certain que des grâces presque infinies sont obtenues de Dieu, par les mérites de la croix dont la médaille retrace l'image et par l'effigie de saint Benoît qu'elle porte, et dont elle attire la protection.

Par l'intercession de saint Benoît, des grâces nombreuses et extraordinaires ont été obtenues de Dieu, au moyen de cette croix :

1° Contre les maléfices et toutes sortes d'opérations diaboliques ;

2° Pour écarter des hommes qui jettent des maléfices;

3° Pour soigner et guérir les animaux souffrants de la peste ou d'une épidémie, ou atteints par des maléfices;

4° Pour la protection de quiconque est tenté, troublé ou tourmenté par le démon;

5° Pour obtenir la conversion d'un pécheur, surtout en danger de mort.

En outre l'usage de cette croix est efficace :

1° Pour détruire les poisons et en empêcher l'effet;

2° Pour repousser la peste;

3° Pour guérir ou soulager les malades atteints de la pierre, d'une pointe de côté, d'épilepsie, ou souffrant d'une hémorragie ;

4° Pour protéger contre la foudre ;

5° Pour protéger ceux qui sont assaillis par la tempête ;

6° Enfin, ce qui est plus précieux encore, pour repousser les tentations impures, revêtir les fidèles d'une force divine, et les sanctifier de corps et d'âme.

Ces faveurs surnaturelles nous semblent tout d'abord impossibles, mais notre illusion disparaît, si nous remarquons qu'elles se réalisent par la puissance que l'Eglise attache à ces médailles. Le prêtre dit en les bénissant: « J'exorcise ces médailles, par Dieu le Père tout-puissant, qui a fait le Ciel et la terre, la mer et tout ce qui est en eux : Que tout pouvoir de l'*adversaire*, que toute l'armée du *démon*, que toute attaque, que tout piège de *Satan* soit éloigné de ces médailles, et qu'elles soient pour tous ceux qui en useront *chrétiennement*, le salut de l'âme et du corps : Au nom du Père tout-puissant et de son fils Notre Seigneur, et du Saint-Esprit, le divin paraclet, et en union de la charité même de Notre Seigneur Jésus-Christ, qui doit venir juger les vivants et les morts, et tout purifier par le feu. »

L'air, dit Saint Paul, est rempli de légions de ces esprits de malice, et, si Dieu ne nous protégeait, le plus souvent à notre insu, par le ministère des bons Anges, il nous serait impossible d'éviter les pièges innombrables de ces esprits de malice. Mais telle est la puissance de la croix contre Satan et ses légions infernales que nous devons la considérer comme un bouclier invincible, qui nous met à l'abri de tous ses traits.

Le Sauveur lui-même nous donne comme figure de la croix le serpent d'airain, dressé au désert par Moïse, dont le regard guérissait les morsures des serpents de feu.

Le signe de la croix, tracé par les Israélites sur les portes des maisons, avec le sang de l'agneau pascal, les préserva de la redoutable visite de l'ange exterminateur.

L'histoire nous apprend que les mystères des païens furent. plus d'une fois, rendus impuissants, parcequ'un chrétien perdu dans la foule faisait le signe de la croix.

Tertullien rapporte qu'on vit des infidèles. témoins des merveilles que les chrétiens opéraient par la croix. recourir eux-mêmes avec succès, à ce signe mystérieux contre les artifices et contre les insultes des démons.

Le signe de la Croix, ajoute St Athanase, a la vertu de confondre tous les secrets de la magie et de réduire à néant ses funestes breuvages. Faisons-en l'expérience : Qu'au milieu des prodiges des démons. de l'imposture des oracles, des prestiges de la magie, le chrétien emploie le signe de la croix. qu'il invoque le nom du Christ. et il verra par lui-même avec quelle terreur les démons s'enfuient à ce signe et, à ce nom, comment les oracles s'arrêtent, et combien la magie et ses philtres perdent leur valeur. La puissance de la croix est donc un fait historique aussi bien qu'un dogme catholique.

§ IV. *Opportunité de la médaille*

Si nous n'invoquons pas plus souvent la croix, si nous n'en éprouvons pas un secours manifeste, c'est que notre foi faiblit, et que nous ne montrons qu'indifférence pour le surnaturel. Il serait temps de secouer cette torpeur spirituelle. Les embûches du démon nous environnent de toutes parts, et nous offrent partout des périls continuels pour l'âme et pour le corps. Munissons-nous plus souvent du signe de la croix ; faisons le paraître pour nous protéger dans les villes, dans les campagnes et dans le secret de nos maisons ; là où nous travaillons et où nous couchons ; sur notre poitrine comme dans notre cœur. Que d'accidents imprévus nous menacent sur terre et sur mer. Si nous portons avec foi cette médaille nous serons protégés jusque dans les circonstances les plus vulgaires de la vie ; partout on éprouve les heureux effets de la vertu de la sainte croix et de la puissancs de St Benoit.

Il nous est avantageux d'employer cette médaille

dans les occasions où nous avons à craindre les embûches du démon : croyons sa protection efficace dans toutes sortes de tentations. Des faits nombreux et incontestables signalent encore son puissant secours dans mille occasions, où, soit par l'action spontanée du démon. soit par l'effet de quelques maléfices, les fidèles ont à redouter un péril.

Il paraît étrange qu'en ce siècle où le démon est regardé par beaucoup de gens, comme un être de raison plutôt que comme un être réel, on frappe une médaille. qu'on la bénisse et qu'on l'emploie, comme préservatif, contre la malice de l'esprit du mal. Les saintes Écritures cependant nous fournissent assez de traits propres à nous donner une idée de la puissance et de l'activité des démons : ainsi que des dangers auxquels ils exposent sans cesse par leurs embûches l'âme et le corps. Pour anéantir leur pouvoir, et nous préserver de leurs coups; il ne suffit pas de tenir compte de leurs opérations, ni de sourire au récit des ruines spirituelles qu'ils entraînent.

En effet, nous voyons de nos jours reparaître ces pratiques imprudentes et diaboliques (franc-maçonnerie, magnétisme, tables tournantes, évocation des morts) renouvelées des païens et à l'occasion des quelles un esprit malfaisant et trompeur donne la réponse attendue. Nous avons vu recommencer les évocations des morts, les oracles et tous les prestiges à l'aide desquels Satan retint en esclavage les hommes durant tant de siècles.

§ V. *Efficacité de la médaille pour protéger même les animaux et nous préserver de tout mal.*

Non seulement les esprits de malice, dans leur haine contre nous, s'attaquent aux hommes, mais encore aux animaux qui sont à notre service et aux aliments qui doivent soutenir la vie. Leur intervention malfaisante est souvent pour beaucoup dans la cause et la permanence des infirmités que nous ressentons ; l'expérience prouve que l'emploi religieux de la médaille de S⁺

Benoit, en l'accompagnant de la prière, opérait souvent la cessation des embûches sataniques, un soulagement marqué dans les maladies et quelquefois même une guérison complète.

§ VI. *Diffusion de la médaille*

L'heureux élan que la grâce divine imprime, depuis quelque temps, aux fidèles de France, et ranime chez un grand nombre le sentiment des choses surnaturelles, fait revivre la confiance dans les saintes pratiques qui ont fourni à nos pères tant de précieux secours. Ainsi la médaille de St Benoit, qui n'était presque qu'un secret, devient le secours de beaucoup de chrétiens. On a de la peine à croire avec quelle pieuse avidité elle est reçue par les populations chrétiennes, et leur confiance est récompensée par de nouveaux traits de protection. Ce sont, en particulier des grâces relatives à la conversion subite de certains pécheurs qui avaient jusqu'alors résisté à toutes les instances.

Aussi la vertu de la médaille de St Benoit est-elle en grande vénération même dans les pays infidèles et particulièrement dans les Indes. Des témoignages récents nous apprennent que son action est toute puissante dans ces pays des missions, encore si infestés par les esprits de ténèbres.

Par la force toute puissante de la Sainte Croix, gravée sur la médaille, St Benoit poursuit aux Indes le cours de ses victoires sur les légions infernales, chassées par lui d'Occident. Un simple fait résume et caractérise admirablement l'efficacité spéciale de la médaille de St Benoit. Un arbre, devenu le repaire des démons, chose fréquente autour des pagodes indiennes, se dessécha rapidement et mourut, dès qu'on eût mis dans ses racines la médaille de saint Benoit. Puisse la sainteté du grand patriarche éclater toujours plus dans ces régions lointaines ! Puissent ces peuples esclaves de Satan, durant tant de siècles, comprendre, enfin, par la vertu de la croix, et la faiblesse de l'enfer et la puissance des serviteurs du seul vrai Dieu.

CHAPITRE II.

APPROBATION DU ST-SIÈGE. — MOYEN DE SE SERVIR DE LA MÉDAILLE. — CONDITION. — FAITS HISTORIQUES — RÉCITS ÉDIFIANTS EMPRUNTÉS AUX MISSIONS.

§ I. *Approbation du saint-siège.*

Ce que nous venons d'indiquer de merveilleux sur la médaille de St Benoît nous donne le désir naturel d'y voir le sceau de l'autorité ecclésiastique à laquelle seule il appartient de prononcer sur le mérite d'une dévotion, dont les résultats produisent autant d'étonnement chez les uns que de secours et de consolation chez les autres. Heureusement le jugement du siège apostolique est intervenu, d'une manière solennelle, et donné à la médaille de St-Benoit la sanction désirée avec un degré incontestable d'autorité.

Après un examen sérieux et un décret préalable de la congrégation des indulgences, le pape Benoit XIV. par bref du 12 mars 1742, approuve la médaille de St-Benoit avec la croix, l'effigie du saint et les caractères qu'elle présente. Il sanctionne la formule de la bénédiction qui doit lui être appliquée, et accorde de nombreuses indulgences à ceux qui la porteront sur eux.

Cette même approbation est confirmée et renouvelée par le Pape Grégoire XVI, bref du 9 février 1844, et aussi par le Pape Pie IX, bref du 27 juin 1856. Ces documents apostoliques placent donc, d'une manière authentique, la médaille de St Benoît, sous la garantie du saint-siège.

§ II. *Principaux moyens de se servir de la médaille.*

Nous pouvons la porter sur nous, la médaille de St Benoit, comme cela nous accommode le mieux, ou suspendue, ou attachée au chapelet, ou au saintscapulaire, ou aux habits ; lui donner une place convenable dans nos appartements.

On peut la plonger dans les boissons , lui faire toucher les remèdes qu'on fait prendre aux malades, la laisser sur les plaies quelque temps. Elle peut être mise dans les fondements d'une maison ; dans un champ ensemencé, dans une vigne, sur les provisions qu'on craint de voir se détériorer. Enfin, il est avantageux de baiser avec foi la médaille, en invoquant St Benoît, dans toutes les maladies dangereuses, surtout aux moments les plus critiques et chaque fois que nous avons une grâce particulière à demander à Dieu par son intercession. Et comme Dieu n'exauce pas toujours. la première fois, même la ferveur de nos prières. nous continuerons à demander à St Benoît, qu'il daigne intercéder pour nous.

On la plonge et on la laisse dans un vase rempli d'eau, que l'on fait boire aux animaux, pour qu'ils croissent et soient préservés de tout mal. On place la médaille dans l'intérieur des écuries, on lui fait toucher les remèdes qu'on donne aux animaux, lorsqu'ils sont atteints de quelque maladie. ainsi que les plaies; on peut la leur attacher. Dans toutes ces circonstances la protection de St Benoît est relative à la foi et à la confiance de ceux qui le prient.

§ III. *Conditions*

1° La médaille doit recevoir la bénédiction fixée par l'Eglise ; 2° ses privilèges spirituels sont personnels , c'est-à-dire. ne peuvent passer à un autre individu, par exemple, en la donnant ; mais on peut la prêter pour rendre service, par exemple, à un malade, la plonger dans l'eau. pour faire boire aux animaux, etc. 3° chaque personne doit porter sa médaille : 4° lorsqu'elle est indulgenciée, il est défendu de la vendre. Dans l'emploi de la médaille de St Benoît, rien n'est prescrit par l'Eglise. pour obtenir les faveurs. que nous venons d'énumérer, si ce n'est l'usage lui-même de cette croix, que nous indiquons. Cependant, il convient de réciter, chaque mercredi, cinq *Gloria Patri*, en la mémoire de la passion de N.-S. J.-C. ; trois *Ave Maria*, en l'honneur de la Bienheureuse Vierge Marie Immaculée, et trois *Gloria Patri*, pour implorer l'intercession de St Benoît. Il est bon de répéter toutes, ou quelques unes de ces prières, chaque fois que nous demandons à Dieu, une grâce particulière par l'intercession de St Benoît.

§ IV. *Quelques faits historiques.*

La médaille de Saint-Benoît fut donnée pour subvenir aux misères et aux nécessités très fréquentes de la vie chrétienne. Son usage était purement privé et presque secret. Cela explique pourquoi il n'a pas été publié de recueil officiel des effets salutaires qu'elle a produits. Le pieux et savant moine bénédictin, Brucelin, recueillit en 1679, les faits qui avaient signalé l'action bienfaisante de la médaille. Les fils de Saint Benoît ont continué ce précieux recueil, qui nous fournit, parmi tant de faits relatifs à la France, les suivants.

A Luxeuil 1665, une jeune fille était dominée par l'esprit malin d'une manière tellement irrésistible, que sa langue ne cessait de prononcer des paroles obscènes. On eût dit que le démon avait établi son siège sur les lèvres de sa victime. Pour la délivrer de la violence que lui faisait l'ennemi de toute vertu on lui présenta à boire de l'eau sanctifiée par le contact de la médaille de Saint-Benoît : anssitôt la contrainte qu'elle éprouvait s'arrêta, et jamais il n'arriva plus à cette fille de violer, dans ses paroles, les règles de la modestie chrétienne.

Dans une contrée de la Bourgogne, en l'année 1665, une maladie sévissait sur les bestiaux, et l'ardeur du mal était si intense que les vaches donnaient du sang à la place du lait. Les animaux recouvrèrent la santé, lorsqu'on leur eut donné à boire de l'eau dans laquelle on avait jeté la médaille de St-Benoît.

En la même époque, un homme avait une plaie au

bras, si grande et si envenimée, qu'elle n'avait cédé à aucun remède. On eut l'idée de placer la médaille sur le bras malade, en même temps que l'appareil destiné au pansement. Le lendemain, à la levée de l'appareil, la plaie parut saine, et au bout de quelques jours elle était cicatrisée.

Les bienfaits obtenus par la médaille de Saint-Benoît, depuis un certain nombre d'années, ont ravivé parmi nous, le sentiment des vérités surnaturelles, surtout de la Providence, dont l'action bienveillante envers les malheureux, inspirait à nos pères une confiance sans bornes, qui était pour eux la source de précieux secours. La médaille s'est propagée ; beaucoup de chrétiens y mettent leur confiance, et la grâce divine multiplie les traits de sa protection.

En 1843, une jeune personne atteinte d'une fièvre typhoïde, était réduite depuis dix jours à se tenir dans un fauteuil; la position horizontale du lit lui était devenue impossible. A neuf heures du soir, un ami de la famille, qui était venu la visiter, lui parle de la médaille de Saint-Benoît et lui en glisse une dans son mouchoir. Moins de cinq minutes après, la malade s'étendait dans son lit et le lendemain, après une nuit de profond sommeil, elle se sentait affranchie de cette fièvre redoutable, qui jusque-là avait résisté à tous les moyens de la médecine.

En janvier 1849 à T..., un père de la Compagnie de Jésus, se présente chez un particulier auprès duquel il venait chercher du secours pour un mal de dents devenu intolérable. On lui parle de la médaille de St-Benoit. Après quelques mots d'explication, le malade en accepte une. Au moment où la médaille touche sa main, il pousse un cri semblable à ceux que les dentistes sont habitués à entendre, et articule distinctement ces mots : « Ma dent est cassée. » Il porte brusquement ses doigts à la bouche et les y enfonce profondément. O surprise ! la dent est à sa place, et le mal a disparu.

Dans l'été de l'année 1858, le choléra sévissait à Tivoli, et non loin de Sobiaco, un homme se trouvait en proie à d'atroces douleurs. La terrible maladie fit en peu d'heures de si grands progrès que l'on courut en hâte chercher M. le curé, pour lui donner les derniers sacrements. Avant l'arrivée de M. le curé, le péril devint tel que le malade se crut perdu et tomba bientôt dans une atonie complète , effet de la violence du mal. Tout à coup il reprend connaissance, et sentant ses souffrances redoubler, il presse alors avec force de ses deux mains son estomac en proie aux plus violentes crispations, et rencontre la médaille de St-Benoit qu'il portait habituellement sur lui. La pensée lui vint d'invoquer le St Patriarche, pour lequel il avait une grande dévotion. Aussitôt les douleurs s'arrêtent, il se lève, descend de son lit, voyant M. le curé qui arrive tout haletant. couvert de sueur et de poussière, il lui dit : « Mon père, je suis guéri. » et montrant la médaille : « Voilà ce qui m'a sauvé. »

A Chambéry en 1861, une sœur souffrait, depuis trois mois, de douleurs très vives aux jambes. Elle hésitait à déclarer son mal, et n'avait encore employé aucun remède. Elle eut la pensée de faire une neuvaine à St Benoît, en employant la médaille, pour obtenir la protection du saint patriarche. Pendant la neuvaine, elle appuyait fortement sur ses jambes, l'une après l'autre, cette médaille. en invoquant le secours de St Benoît. A chaque fois ses douleurs se calmaient et elle pouvait continuer le service très laborieux dont elle était chargée dans la maison. La première neuvaine, n'ayant d'autre résultat que des secours intermittents, la sœur se décida à en commencer une autre. Celle-ci fut couronnée d'un plein succès et l'infirmité disparut totalement. La même sœur, atteinte d'une ophtalmie, s'adresse à St Benoît. et s'étant lavé les yeux avec de l'eau. dans laquelle elle avait plongé la médaille, sa vue se fortifie aussitôt, et ne tarde pas à reprendre sa vigueur accoutumée.

L'année précédente, dans la même contrée, une femme atteinte d'une fièvre miliaire, et une autre personne qu'une hydropisie de poitrine mettait en danger de mort, furent guéries toutes deux, en usant d'un breuvage dans lequel on avait plongé la médaille de St Benoît.

En 1863, à Montigny-le-Roi, une femme était atteinte

d'un mal violent d'oreille, qui la faisait souffrir depuis longtemps de la façon la plus cruelle. Des caillots de sang, des matières purulentes sortaient de temps en temps de son oreille, attestant le triste état de cet organe. Elle était devenue impropre au service, à cause de la surdité qu'elle avait contractée. Elle place la médaille de St-Benoît dans son oreille, et récite un *Pater* et un *Ave* en l'honnenr du saint patriarche, une minute après, sa guérison était complète, et elle entendait parfaitement.

En 1863, à Andabre, Mlle R. G. était, depuis deux ans, menacée d'un cancer au front. Une glande douloureuse s'y était formée, et elle avait résisté à tous les moyens curatifs qu'on avait employés. Un soir, avant de se coucher, elle eût la pensée de fixer, pendant la nuit, une médaille de St-Benoît, sur son front, en se recommandant au St Patriarche. Elle dormit d'un profond sommeil, et, le lendemain matin, ayant détaché la médaille, elle s'aperçoit que la glande a entièrement disparu.

A Montauban, en 1865, une dame était privée de tout mouvement et clouée sur son lit depuis deux ans et demi, et tout faisait craindre qu'elle ne restât ainsi percluse le reste de sa vie. Un jour, qu'elle avait reçu la sainte communion, une sœur de charité qui était venue la voir, lui plaça, avec difficulté, la médaille de St-Benoît, entre les doigts, et parvint, avec de grands efforts, à conduire la main de la malade sur la poitrine, espérant que le contact de cet objet sacré pourrait produire quelque bon résultat. La malade éprouve aussitôt une vive commotion dans tout son être, une transpiration abondante se déclare et elle s'écrie : *Je suis guérie.* Immédiatement le mouvement est rendu à ses membres ; elle se lève, se débarrasse elle-même des flanelles, dont elle était entourée depuis si longtemps, se revêt des habits qu'elle portait avant sa maladie. Le lendemain, elle se rend à l'église pour remercier Dieu de sa guérison subite.

Le plus grand nombre de grâces dont la médaille de St-Benoît est de nos jours l'instrument, est relatif à la conversion subite de certains pécheurs qui, jusqu'alors, avaient résisté à toutes les instances. Nous citons quelques traits à ce sujet.

En 1854, une femme âgée, habitait un hospice d'incurables, retenue au lit par suite d'une paralysie presque complète. Ses sentiments étaient ceux d'une impie forcenée, et des propos dégoûtants sortaient sans cesse de sa bouche, au milieu des blasphèmes les plus audacieux, de telle sorte qu'on la considérait comme possédée du démon. On se doutait qu'elle avait dans son lit certains objets capables de l'entretenir dans ses dispositions abominables. Un jour qu'on se proposait de déménager le dortoir dans un but de propreté, on enleva la malade de son lit, et on la transporta dans une salle voisine, malgré ses hurlements. Les Sœurs trouvèrent sous son matelas un sac rempli d'objets d'une origine et d'une destination très suspectes. Elles déposèrent à la place du sac, une médaille de St-Benoît, et, peu après, la malade fut transportée dans son lit, sans qu'on l'instruisît de ce qu'on avait fait pendant son absence. Mais concevant des doutes, au moment où elle approchait du lit, elle apostropha les Sœurs avec violence, se plaignant de l'enlèvement de son sac. On la coucha, et tout à coup, un calme inusité succéda à ses cris : la joie apparut sur ce visage, qui n'avait offert jusqu'alors que des traits visiblement contractés. Elle demanda un prêtre. Quelques jours après, elle recevait N.-S. qui venait consoler et guérir cette âme.

En 1859, un brave ouvrier avait la funeste habitude de boire outre mesure. Tout ce qu'ils gagnaient, lui et sa femme, était régulièrement dépensé à la fin de la semaine, et une extrême misère régnait dans le ménage. Une personne, amie de la maison, connaissant les vertus de la médaille de St-Benoît, en remit une à la pauvre femme et lui conseilla de la faire toucher à la bouteille du vin qu'elle servait à son mari, se contentant elle-même d'eau pure. L'homme eût à peine bu qu'il s'écria : « Ce vin est exécrable. J'aime mieux boire de l'eau : je prendrai ma revanche plus tard. » En effet, il sort de table, demande de l'argent et se rend bientôt au cabaret voisin, d'où il ne revenait jamais que fort tard dans la nuit, et toujours privé de raison. Au bout d'un quart d'heure environ, il rentre

2*

et dit à sa femme : « C'est un complot contre moi ; le vin du cabaret est encore plus mauvais que le nôtre. » Le lendemain et les jours suivants, l'eau était devenue la boisson du pauvre ivrogne. Et sa femme, bonne chrétienne, ne tarda pas à obtenir de son mari qu'il remplit désormais ses devoirs religieux.

En 1859, à T. une femme octogénaire avait déclaré vouloir mourir sans se confesser, et il y avait plus de soixante ans qu'elle ne s'était approchée des sacrements. Le prêtre, appelé par un ami, s'attend à un refus. On lui met dans la main une médaille de St-Benoît, en lui disant : « Allez, ne craignez pas. » La vieille femme se tourne du côté du mur et dit à haute voix : *Je vais dormir*. Le prêtre lui répond : « Prenez cette médaille et dormez, je vais prier. » Il se met à genoux près du lit, et avant qu'il ait fini de réciter le *Memorare*, la vieille femme se retourne de son côté, fait signe à ses parents de s'éloigner et commence sa confession.

Le 14 mars 1859 un pieux laïque rencontre dans la rue un prêtre très inquiet sur le compte d'un jeune homme de dix-sept ans revenu malade de Paris, et qui, au dire des médecins, n'avait plus que quelques jours à vivre. Il s'était présenté trois fois à la porte du malade ; il avait été refusé même par sa famille. Le laïque lui parle de la médaille de St-Benoît, et lui en donne une, en l'engageant à revenir auprès du malade. Le prêtre éprouve encore un refus, mais il montre la médaille qu'il vient offrir au malade. « Ceci est différent, lui est-il répondu, entrez Monsieur. » Il pénètre aussi dans la chambre du malade qui, à la vue du prêtre se couvre le visage de ses draps. « Acceptez cette médaille, mon cher ami, lui dit le prêtre. » Aussitôt le malade se découvre et commence sa confession avec les plus vifs sentiments de repentir.

Au mois d'avril 1864, la foudre tomba sur une maison et l'avait réduite en cendres. Une seule chambre, habitée par deux pauvres filles fut préservée, sans qu'on pût s'expliquer le prodige de sa conservation, de telle sorte que toute la ville allait voir cette merveille. M. D. s'y rendit aussi en compagnie de quelques personnes. Après avoir examiné la disposition

des lieux, et écouté le récit des pauvres filles, il croit
voir en cela quelque intervention surnaturelle. Il a
même le sentiment que Saint Benoit ne devait pas
être étranger à l'événement, et tirant de sa poche une
médaille du saint patriarche, il l'offre à ces bonnes
filles. Mais voyant qu'on la leur présentait, elles
s'écrient : « Nous avons déjà cette médaille ; hier
» notre frère, ayant été abreuver des chevaux, rencontra
» tra une personne, qui avait de ces médailles, et,
» sachant qu'il nous ferait plaisir, il en demanda une
» qu'il nous apporta *quelques moments avant l'orage.* »

La salutaire influence de la médaille se fait sentir
aux animaux et aux êtres inanimés en vue du salut
des hommes.

L'expérience constate les effets de la médaille de
Saint-Benoit sur les animaux domestiques, en les
délivrant de leur maladie. Cela ne doit surprendre
personne puisque l'Eglise emploie l'efficacité de ses
prières en faveur des animaux que la Providence des-
tine au service de l'homme.

En 1857, au village de la Jouan, commune de Bais.
Ille-et-Vilaine, une fermière avait une vache très
malade, et le vétérinaire consulté conseille d'abattre
l'animal au plus tôt. On entraîne donc la vache dans
le champ le plus voisin de l'étable, et l'on fait venir
le boucher, qui arrive avec ses aides. Avant de commencer leur travail, ils se mettent à table, pour prendre un petit repas, qu'on leur avait servi. Pendant
qu'ils mangent, la maîtresse de la vache, sort un
moment et se rend près de la bête, se jette à genoux
s'adresse avec une foi vive à saint Benoit. « Grand
» saint, lui dit-elle, je ne sais ce que je pourrai faire
» pour vous si vous guérissez ma vache. Je ne con-
» nais pas de lieu où on vous honore particulièrement ;
» mais si vous m'accordez ce que je vous demande,
» je promets de faire, en votre honneur, une offrande
» à l'autel de la Sainte Vierge. » Pleine d'espoir, elle
rentre à la maison pour veiller aux besoins de ses
convives. Un quart d'heure à peine écoulé ces gens
se lèvent, et armés de leurs instruments, ils vont à
l'endroit où ils avaient entraîné la vache. Quel n'est
pas leur étonnement de voir l'animal debout, et pais-

sant l'herbe avec une tranquillité parfaite. Ils l'exa-
minent avec soin. constatent la guérison subite, et
déclarent à la maîtresse. que leur mission est désormais inutile, et qu'ils se retirent. La vache continue
à jouir d'une excellente santé. la fermière s'empres-
se d'aller faire l'offrande qu'elle a promise.

Au traits ci-dessus relatifs à l'action de la médaille
de St-Benoit, sur les animaux. nous ajoutons le récit
de deux faits. dans lesquels a paru son influence sur
des choses inanimées, à l'occasion desquelles la foi
sollicita le secours de Dieu par l'entremise du Saint
Patriarche.

1. Au diocèse du Mans, en 1867. dans le local d'une
communauté, nouvellement établie, on creusa, à
grands frais. un puits, destiné à porter l'eau dans
toute la maison. On trouve l'eau, mais dépourvue des
qualités qui la rendent potable et on est contraint de
creuser un nouveau puits dans l'enceinte même de la
maison. Le résultat de cette nouvelle opération n'est
pas plus favorable. L'eau vient assez abondante : mais.
si elle n'est pas sulfureuse. comme la première. elle
emprunte au terrain une couleur noirâtre. avec une
mauvaise odeur et un goût détestable. Le conseil est
donné aux religieuses de jeter dans ce puits la médaille de St-Benoit, et d'aller y puiser de l'eau une
heure après. Les sœurs accomplissent cette prescrip-
tion avec foi et simplicité. et. une heure après, l'eau
tirée du puit apparaît limpide comme un cristal, sans
odeur et parfaitement potable. Depuis lors l'eau à
conservé en toute saison ses bonnes qualités. qui
continuent à rappeler aux habitants du monastère le
souvenir de la puissance et de la bonté de St Benoit
à leur égard.

2. En 1861. à Boën sur Lignon. un vignoble est
envahi par la maladie des raisins. Non seulement le
feuillage est endommagé, mais les grappes, qui com-
mencent à se développer, paraissent frappées à mort.
Le propriétaire a la pensée d'enfouir la médaille de
St-Benoit dans la terre qui porte les ceps. Peu après
un phénomène nouveau se manifeste. Le feuillage
garde une triste apparence ; mais les grappes grossis-
sent et mûrissent sans conserver la moindre trace de

l'ulcération qui avait paru sur elles. La maladie a envahi le tiers des ceps ; elle rétrograde subitement et tout le raisin de ce vignoble, au moment de la vendange, se retrouve dans les meilleures conditions.

§ V. *Récits édifiants empruntés aux missions étrangères.*

En 1807, le Révérend Père A., de la Compagnie de Jésus. résidant au collège de Saint-Denis (Réunion) est chargé d'aller prendre, après les vacances de Pâques. au sein de leurs familles, quatorze enfants qu'il doit ramener par mer à St-Denis. La mer est mauvaise et on craint pour le retour. Le Père Recteur remet au religieux partant une médaille de St-Benoit et lui dit : « Soyez tranquille, demain la mer sera moins mau- » vaise ; du reste, si, une fois partis. elle devenait » houleuse, ne craignez rien. St Benoit viendra à » votre secours. » Ce qu'avait dit le religieux arrive de point en point. Quand il s'embarque avec les enfants, le temps est très beau ; ils voguaient depuis une heure, sans obstacle. vers Saint-Denis. lorsqu'au détour d'un cap, la barque est assaillie par une rafale épouvantable qui faillit rejeter les voyageurs sur les rochers du rivage. où ils auraient été à coup sûr brisés par les vagues. Le pilote tout tremblant, gagne la haute mer. croyant y être moins exposé : mais la mort s'y présente sous des couleurs non moins sombres. La frêle embarcation. devenue le jouet des vents et des vagues, n'obéit plus au gouvernail ; une pluie torrentielle cache l'horizon. et les *enfants*, cou- chés au fond de la barque, sont plus morts que vifs. A ce moment de suprême danger, le Père se rappelle la médaille de St-Benoit. la prend et la jette à la mer en disant : *St Benoit, priez pour nous !* Effet mer- veilleux de la puissance du grand patriarche, en moins de cinq minutes. la pluie cesse, les flots se calment. le pilote peut regagner la côte, et les voya- geurs continuent leur navigation, pleins de reconnaissance pour St Benoit qui vient de les arracher à une mort certaine. Le lendemain. le Père à mis au cou de ces huit rameurs une médaille de St-Benoit, et les bons noirs lui promettent bien de ne jamais la quitter.

Une lettre, datée de Sulem, vicariat apostolique de Pondichéry, 21 novembre 1874, nous apprend que l'usage de cette médaille dans le pays a présenté une longue suite de faits intéressants. Nous en citons quelques uns.

Dans une communauté religieuse indigène, une eau saumâtre et presque impropre à tout usage, perd son caractère saumâtre dès qu'on a mis dans le puits une médaille de St-Benoit.

Une ancienne élève des religieuses est minée depuis quatre mois environ par la fièvre. Dans le moment où elle souffre davantage, on lui fait prendre en forme de remède, une tasse de café sans sucre où avait plongé la médaille. L'accès devient alors d'une violence extrême avec vomissements et délire : toutefois. la crise passe, et la jeune personne ne se décourage pas elle boit de l'eau où l'on a plongé la médaille et huit jours après, elle est entièrement guérie « J'ai cru remarquer. dit le missionnaire, que la médaille donne une grande vertu aux remèdes, je l'ai souvent employée, en la plongeant dans les remèdes liquides. ou en la faisant toucher à ceux qui ne le sont pas; j'en use pour des fièvres continues, quotidiennes, tierces, quartes. et je ne me souviens pas d'avoir vu la fièvre résister au remède, réitéré, s'il le faut. » Comme cela encourage à faire usage de la médaille !

Une femme, de dix-huit à vingt ans, est sourde depuis six ans : ses oreilles suppurent, quand elle mange autre chose que du riz. Le premier jour que l'eau de la médaille lui est versée dans les oreilles. la suppuration s'arrête dans l'oreille droite, et elle entend mieux de ce côté. Le remède est continué durant quelques jours, et la suppuration s'arrête également du côté gauche : l'oreille droite entend parfaitement, mais la gauche n'est guérie qu'à moitié. Dieu laisse ainsi à cette femme un souvenir de son premier état,

Deux petites filles païennes, souffrantes de mal

d'yeux, sont instantanément guéries, en les lavant avec de l'eau de la médaille. « Il est notoire, écrit le » missionnaire, que nul venin ne résiste à l'eau qu'a » touché la médaille de Saint-Benoit et que le venin » quitte aussitôt les endroits qu'elle touche. »

Le zélé missionnaire, de qui nous tenons ces faits, est un jour appelé auprès d'un protestant, en proie à des agitations terribles. On dit la maison hantée par les mauvais esprits ; le missionnaire examine lui-même le genre singulier de cette maladie et il est persuadé qu'il y a ou folie ou effet diabolique. Il demande de l'eau, et y plonge la médaille de Saint-Benoit. La mère du malade assise près du lit de son fils, lui frictionne avec cette eau légèrement le visage et la poitrine. et lui en fait boire quelques gouttes. Alors le malade, courbant un peu la tête, parait réfléchir un instant, et, tourné vers sa mère, il lui dit en souriant : « Je suis guéri ! Donnez-moi à » manger, mes habits. » Puis il serre la main du prêtre en disant : *Merci, mon Père !* Sa jeune femme, Européenne protestante, debout devant lui, ébahie, laisse couler de grosses larmes Le missionnaire bénit la maison, et toute la famille se met encore à genoux pour recevoir sa bénédiction. L'émotion est grande parmi les témoins du fait. catholiques. protestants ou païens. Le malade reprend, dans la soirée, son travail ordinaire. Il éprouve encore, les jours suivants, quelques accès : mais. continuant à boire de l'eau de la médaille, il fut bientôt entièrement guéri.

La foi. la confiance, la prière. peuvent dans toutes nos maladies, nous faire obtenir un grand secours de la croix et médaille de Saint-Benoit.

CHAPITRE III

INDULGENCES ATTACHÉES A LA MÉDAILLE DE SAINT-BENOIT. — QUELQUES MOTS SUR LA DÉVOTION A SAINT-BENOIT ET SA PROTECTION A L'HEURE DE LA MORT

§. I. *Indulgences attachées à la médaille.*

Le pape Benoit XIV, après un examen sérieux et un décret préalable de la Congrégation des Indulgences, a approuvé par son bref du 12 mars 1742, la croix et médaille de Saint-Benoit, les caractères qu'elle présente. Il sanctionne la formule de la bénédiction qu'il veut lui être appliquée, et accorde de nombreuses indulgences, plénières et partielles, à ceux qui la porteront sur eux avec foi et confiance.

Indulgences plénières.

L'indulgence plénière est celle qui, par la puissance de l'Eglise, remet toute la peine temporelle, due au péché, déjà pardonné. On ne peut gagner aucune indulgence, soit plénière, soit partielle, sans porter sur soi la médaille de Saint-Benoit, avec respect et confiance. Les indulgences plénières sont les suivantes.

1° Noël, l'Epiphanie, Pâques, La Pentecôte, La Trinité, La fête du Saint-Sacrement, L'Immaculée Conception, La Nativité de Notre-Dame, L'Annonciation, La Purification, L'Assomption, La Toussaint, La fête de Saint-Benoit (21 mars).

2° Indulgence plénière pour celui qui, à l'article de la mort, s'étant confessé et ayant reçu la sainte communion, recommande pieusement son âme à Dieu, et invoque, au moins de cœur, s'il ne peut le faire de bouche, avec contrition, les saints noms de Jésus et de Marie.

3° Indulgence plénière, la même qui est accordée par le Souverain Pontife dans la bénédiction papale à Saint-Pierre du Vatican, le Jeudi-saint et le jour de Pâques, est communiquée à celui qui, étant vraiment pénitent, ayant confessé ses péchés et communié, prie dévotement pour l'exaltation de la sainte Eglise, pour la conservation du Souverain Pontife.

Conditions : 1° L'indulgence plénière exige l'état de grâce sanctifiante, et l'exemption de toute faute grave connue ; 2° La confession, mais celle de tous les quinze jours suffit ; 3° La communion, qu'il faut mériter de faire souvent, d'après les conseils d'un sage directeur. Cette condition est très facile à remplir dans les communautés religieuses ; 4° L'intention de gagner les indulgences : La personne qui est dans l'habitude de dire chaque jour, *Mon Dieu, je désire gagner toutes les indulgences de ce jour,* s'acquitte de cette obligation. On peut gagner, dans la même journée, plusieurs indulgences plénières; 5° Il faut accomplir réellement et intégralement et au temps marqué et avec piété les œuvres prescrites par les bulles ou brefs du Souverain Pontife ; 6° Les fins ou intentions du Souverain Pontife, dans les prières qu'il exige, presque toujours sont l'exaltation de l'Eglise catholique, la propagation de la foi, l'extirpation des hérésies et des schismes, la paix et la concorde entre les princes chrétiens, et les autres besoins de la société chrétienne. On s'acquitte de cette obligation, en priant à l'intention du chef de l'Eglise.

Les prières à dire ne sont pas ordinairement spécifiées par les Bulles pontificales ; il nous est donc permis de faire les prières que nous aimons davantage. On est dans l'usage de réciter cinq *Pater* et *Ave.* On croit cependant que l'*Oraison* dominicale et la *Salutation* angélique peuvent suffire. La personne qui est dans l'usage de réciter le chapelet peut en offrir la première dizaine ou toute autre prière faite dans la journée à l'intention du Souverain Pontife. Il en est de même pour les communautés, où la règle n'oblige point d'ordinaire, sous peine de péché. Mais la Bulle de Benoit XIV, porte, par un privilège spécial, qu'on peut gagner les indulgences plénières de la croix et médaille de Saint-Benoit, en faisant, au moins une fois par semaine, l'une des pratiques suivantes:

Réciter la couronne de Notre Seigneur, ou le Rosaire, ou le petit office de la Sainte Vierge, ou l'Office divin, ou l'Office des morts.

Les Sept psaumes de la pénitence, les Sept psaumes graduels.

Enseigner les éléments de la foi aux enfants, ou aux personnes ignorantes.

Visiter les prisonniers ou les malades dans les hôpitaux, secourir les pauvres, entendre la sainte Messe, ou la célébrer, si on est honoré du sacerdoce.

Pour l'indulgence plénière, à l'article de la mort, il faut se confesser, communier, et invoquer de cœur, avec contrition, si l'on ne peut le faire de bouche, les saints noms de Jésus et de Marie.

L'indulgence plénière, communiquée par le Souverain Pontife dans la bénédiction papale, à Saint-Pierre du Vatican, le Jeudi-saint et le jour de Pâques, à celui qui communie ces deux jours et qui prie dévotement pour l'exaltation de la sainte Eglise pour la conservation du Souverain Pontife. Ces indulgences sont applicables aux âmes du Purgatoire.

Indulgences partielles

L'Indulgence partielle est celle qui ne remet que la partie des peines temporelles, dues à nos péchés pardonnés, correspondant aux mérites de l'œuvre satisfactoire.

1° Indulgence et rémission de la *troisième partie* des peines, dues pour nos péchés, si, par nos bons exemples, nos conseils, nous amenons un pécheur à faire pénitence.

2° Indulgence de *vingt ans*, une fois la semaine, si nous prions, chaque jour, pour l'extirpation des hérésies.

3° Indulgence de *sept ans* et de *sept quarantaines*, si nous avons porté avec respect, la médaille de Saint-Benoit, aux fêtes moindres de Notre Seigneur, et de la Très Ste Vierge, la Circoncision, le St Nom de Jésus. — La Transfiguration. — La Visitation de la

Très Sainte Vierge. — La Présentation. — Les Sept Douleurs. — Le saint Rosaire., Même indulgence aux mêmes conditions, pour les fêtes de St Joseph. — De St Marc. — De St Placide. — De Ste Scolastique, et de Ste Germaine.

4° Indulgence de *sept ans* et de *sept quarantaines*, à celui qui entend la messe ou la célèbre, s'il est prêtre, et qui prie pour la prospérité des princes chrétiens et pour la tranquilité de leurs Etats.

5° Indulgence de *sept années* et de *sept quarantaines*. pour chaque fois, à celui qui, par dévotion à Notre Seigneur Jésus-Christ jeûne le vendredi, ou le samedi en l'honneur de la bienheureuse Vierge Marie. Celui qui aura accompli l'un ou l'autre de ces jeûnes, pendant une année entière. gagnera l'indulgence plénière. le jour, où, s'étant confessé. il communiera. S'il vient à mourir dans le cours de l'année, avec l'intention de persévérer dans cette pieuse pratique, il obtiendra la même faveur.

6° Indulgence de *sept ans* et de *sept quarantaines* à celui qui récite le chapelet ou le rosaire, en l'honneur de l'Immaculée Conception de la très Sainte Vierge, la conjurant d'intercéder auprès de son divin fils, pour obtenir la grâce de vivre et de mourir sans tomber dans le péché mortel.

7° Indulgence de *sept années* et de *sept quarantaines* à celui qui a accompagné le St-Sacrement, lorsqu'on le porte aux malades. Cette indulgence est en sus de celles qui ont été octroyées, par les souverains Pontifes, aux fidèles qui pratiquent cette dévotion.

8° Indulgence d'*un an* à celui qui, ayant examiné sa conscience, prend la résolution de s'amender, et de se confesser, et qui récite *cinq Pater* et *cinq Ave*.

S'il se confesse et reçoit la sainte communion, il obtient. dans ce même jour, *dix ans* d'indulgences.

9° Indulgence de *deux cents* jours à celui qui visite les captifs, dans leur prison, ou les malades dans un hôpital. aidant les uns et les autres par quelque secours charitable, et aussi à celui qui enseigne la doctrine chrétienne. c'est-à-dire, le catéchisme. soit dans l'église, soit chez lui, à ses enfants, à ses proches. ou à ses serviteurs.

10° Indulgence de *cent jours* à celui qui réfléchit pieusement, le vendredi, sur la passion et la mort de Notre Seigneur, et récite *trois fois* l'Oraison dominicale et la Salutation angélique.

11° Indulgence de *cent jours*, à celui qui, par dévotion à St Joseph, à St Benoit, à St Marc, à Ste Scolastique, à Ste Gertrude, récite le psaume *Miserere* ou *cinq Pater* et *Ave*, demande, par l'intercession de ces saints, que Dieu conserve la sainte Eglise catholique et lui accorde, à lui-même, une bonne mort.

12° Indulgence de *cent jours* à celui qui est dans l'habitude de réciter, au moins une fois la semaine, le saint Rosaire ou le chapelet, ou l'office de la Sainte Vierge, ou celui des défunts, ou simplement les Vêpres, ou un nocturne, avec Laudes du susdit office, ou les Psaumes de la pénitence, avec les litanies des Saints et les prières qui les suivent, ou cinq *Pater* et *Ave*, en l'honneur du Très Saint nom de Jésus et des Cinq plaies, ou encore cinq *Ave Maria*, ou l'antienne *Sub tuum præsidium*, avec une des oraisons approuvées en l'honneur du Très saint Nom de Marie.

13° Indulgence de *cinquante jours* à celui qui, avant de célébrer la messe, de recevoir la sainte Communion, de réciter l'office divin, ou le petit office de la Sainte Vierge, fait quelque dévote prière.

14° Indulgence de *cinquante jours* à celui qui prie pour les agonisants, récite à leur intention, trois *Pater* et *Ave*.

15° Indulgence de *quarante jours*, à celui qui récite, une ou plusieurs fois par jour, cette oraison jaculatoire : *Béni soit la très sainte et Immaculée Conception de la Bienheureuse Vierge Marie*.

16° Celui qui prie Dieu pour la propagation de l'ordre de St-Benoit entre en participation de toutes et de chacune des bonnes œuvres qui s'accomplissent dans cette Religion, quelles qu'elles soient. La richesse de cette indulgence n'échappe à personne et peut être gagnée par cette seule invocation journalière : *Saint Benoit, priez pour nous*.

17° Celui qui, par maladie, ou pour tout autre empêchement légitime, ne peut entendre la messe, ou la célébrer, ou réciter soit l'office divin, soit celui de la

Sainte Vierge, ou enfin, accomplir les autres actes de vertu enjoints pour gagner les susdites indulgences (plénières et partielles) pourra y suppléer en récitant trois *Pater* et *Ave.* suivis de l'antienne *Salve Regina*, auxquelles prières, on ajoute cette aspiration : *Bénie soit la Très Sainte Trinité ! Soit loué le Très Saint Sacrement et la Conception de la Bienheureuse Vierge Marie conçue sans péché.* Si celle des indulgences qu'on se propose de gagner est plénière, il est nécessaire de confesser ses péchés et de recevoir la sainte communion. Dans le cas, où l'on n'en aurait pas la facilité, il faut être contrit au moins de cœur, avec le ferme propos de confesser ses péchés. Toutes les indulgences plénières et partielles, énumérées ci-dessus, sont applicables aux âmes du Purgatoire.

§ II. *Quelques mots sur les motifs de la dévotion à saint Benoit.*

Le choix que Dieu a daigné faire de son serviteur Benoit, en associant les mérites de ce saint patriarche à la vertu divine de la croix, semble exiger quelques explications pour recommander, une dernière fois, aux fidèles, la vraie dévotion envers un si puissant protecteur, dans les misères de la vie.

Le motif de la dévotion spéciale que nous éprouvons pour le saint, en particulier, est ordinairement pris de ses mérites, qui lui assurent un plus grand crédit auprès de Dieu, et de la manifestation de sa charité bienveillante envers les hommes. Or, si nous considérons tout ce que la grâce a opéré en Saint Benoit, tout ce que saint Benoit a accompli par lui-même et par ses religieux sur le démon, pour l'honneur de Dieu, le salut des âmes et le service de l'Eglise, nous penserons facilement que, parmi les amis de Dieu, parmi les saints qui sont au ciel, il en est peu dont l'intercession doive être aussi puissante. Recourons à lui dans nos misères ; il est puissant pour exaucer nos prières ; une bonté toute paternelle a été dans ce monde un des traits caractéristiques de sa vie, et au dire de Saint Grégoire le Grand, dans la vie de Saint-

Benoit, au sein même de la gloire dont il jouit, il conserve la pratique de la charité fraternelle, comme le caractère permanent de son intervention auprès de Dieu, en faveur des habitants de la terre.

Secours de saint Benoit à l'heure de la mort.

St Benoit apparut un jour à Ste Gertrude, son illustre servante. Ravie d'admiration dans la contemplation des grandeurs de son père spirituel, la vierge lui rappelle son glorieux trépas. lorsque dans l'église du Mont-Cassin, le vingt-un mars 843, après avoir reçu le corps et le sang du Seigneur. soutenu sur les bras de ses disciples. debout comme un athlète, Benoit rend à Dieu sa sainte âme, dans une dernière prière. Gertrude ose alors lui demander. au nom d'une si précieuse mort, qu'il daigne assister de sa présence. à leur dernier moment, chacune des religieuses qui composent le monastère dont elle fait partie. Assuré de son crédit auprès de Dieu. souverain seigneur de toutes choses, le St Patriarche lui répond. avec cette douce autorité, dont son langage était rempli ici-bas : ‹ Quiconque me rendra hommage pour la faveur dont mon maitre a daigné honorer mes derniers moments je m'engage à l'assister moi-même à l'heure de sa mort. Je ferai pour lui un rempart qui le mettra en sureté contre les embûches des démons ; fortifié par ma présence. il échappera aux pièges de l'ennemi de son âme. et le ciel s'ouvrira pour lui. » Comme cette promesse. faite par un tel serviteur de Dieu, garantie par une si noble épouse du Sauveur, est précieuse, consolante et propre à exciter dans tous les cœurs une sincère dévotion à St Benoit ! Elle a inspiré aux religieux bénédictins la pensée de composer une prière spéciale. selon les intentions de leur saint patriarche, pour assurer à ceux, qui la récitent. le bienfait de la puissante protection qu'il a daigné promettre aux mourants. qui imploreront son secours. Nous la donnons ici avec le désir de la répandre et d'engager les fidèles à y recourir avec foi et confiance, dans l'intérêt de leur âme.

Prière pour obtenir de St Benoit la grâce d'une sainte mort

ANTIENNE.— Benoit, aimé du Seigneur, s'étant fortifié par la réception du corps et du sang de J.-C.. était debout dans l'église. appuyant ses membres défaillants sur les bras de ses disciples. Les mains élevées vers le ciel, il exhala son âme dans les paroles de la prière, et on le vit monter au ciel par une voie couverte de riches tapis et resplendissante dè l'éclat d'innombrables flambeaux.

ỳ Vous avez apparu plein de gloire en la présence du Seigneur ;

℞ Et c'est pour cela que le Seigneur vous a revêtu de beauté.

PRIÈRE

O Dieu, qui avez honoré de tant et de si précieux priviléges la précieuse mort du très saint Benoit. daigne accorder à nous, qui honorons sa mémoire, la grâce d'être protégés contre les embûches de nos ennemis, à l'heure de notre mort par sa bienheureuse présence. Par Jésus-Christ Notre-Seigneur. Amen.

CHAPITRE IV.

APPENDICE.

Enoncé de quelques indulgences qu'on peut gagner dans les familles chrétiennes.

1 Quiconque, après la confession et la communion. récite avec un cœur au moins contrit et dévotement.

la prière suivante, devant une image quelconque de *Jésus crucifié*, ayant l'intention de prier pour les besoins de l'Eglise, gagne une indulgence plénière. Pie VII. 10 avril 1821.

« O bon et très doux Jésus, je me prosterne à
» genoux en votre présence, et je vous prie et vous
» conjure, avec toute la ferveur de mon âme, de daigner
» graver dans mon cœur de vifs sentiments de Foi,
» d'Espérance et de Charité, un vrai repentir de mes
» égarements, et une volonté très ferme de m'en cor-
» riger, pendant que je considère en moi-même et que
» je contemple en Esprit vos cinq Plaies, avec une
» grande douleur ayant devant les yeux ces paroles
» prophétiques, que déjà David prononçait de Vous, ô
» bon Jésus : Ils ont percé mes mains et mes pieds :
» ils ont compté tous mes os. »

Récitez ensuite une fois : Notre Père. Je vous salue. Indulgence plénière.

2. *Soit loué et remercié à tout moment, le très saint et très divin sacrement.*

A la récitation de cette oraison jaculatoire, ou louange Eucharistique, sont attachées 1° 100 jours d'indulgences une seule fois le jour : 2° 300 jours les jeudis de l'année et tous les jours de l'octave de la fête Dieu ; 3° une indulgence plénière, une fois le mois.

3 *Mon aimable Jésus, pour vous témoigner ma reconnaissance, et en réparation de mes infidélités, Je N. vous donne mon cœur, je me consacre entièrement à vous, et je me propose, avec votre grâce, de ne plus vous offenser.* Indulgences 1° de 100 jours une fois le jour : 2° plénière, une fois le mois.

4. *Mon Jésus miséricorde :* 100 jours chaque fois.

5. *O très doux Jésus ! Ne soyez pas mon Juge, mais mon Sauveur.* 50 jours chaque fois.

6. Chaque fois qu'on prononce, avec respect, les saints noms de Jésus et de Marie, 100 jours d'indulgences.

7. *Jésus, Marie, Joseph, je vous donne mon cœur, mon esprit et ma vie.*

Jésus, Marie, Joseph, assistez-moi dans ma dernière agonie.

Jésus, Marie, Joseph, que je meure paisiblement en votre compagnie : 300 jours chaque fois.

8. 1° A chaque récitation du petit office de l'Immaculée Conception : 300 jours, 2° à la récitation des litanies de la sainte Vierge : 300 jours, 3° à chaque récitation des litanies du Saint Nom de Jésus : 300 jours. 4° à chaque récitation de l'*Angelus*, ou du *Regina cœli* : 100 jours, indulgence plénière une fois le mois.

9. *Doux cœur de Marie, soyez mon salut.* 1° Indulgence de 100 jours chaque fois : 2° Indulgence plénière une fois le mois.

10. *Stabat mater.* 100 jours chaque fois.

11. *Le Souvenez-vous.* 1° chaque fois 100 jours. 2° plénière une fois le mois.

12. *O Marie conçue sans péché, priez pour nous qui avons recours à vous.* Chaque fois 50 jours.

13. Bénie soit la sainte et immaculée Conception de la glorieuse Vierge Marie, Mère de Dieu. Chaque fois 300 jours. Léon XIII

14. « O ma souveraine, ô ma Mère, je m'offre tout à vous : et pour vous prouver mon dévouement, je vous consacre aujourd'hui mes yeux, mes oreilles, ma bouche, mon cœur, tout moi-même. Puisque je vous appartiens, ô ma bonne Mère ; gardez-moi, défendez-moi, comme votre bien et votre propriété. » 1° Chaque fois 100 jours. 2° indulgence plénière, une fois le mois.

15. A l'ange Gardien. « Ange de Dieu, qui êtes » mon Gardien, par un bienfait de la divine charité, » éclairez-moi, protégez-moi, dirigez-moi, et gouver-» nez-moi. » Amen. 1° Chaque fois 100 jours, 2° plénière chaque mois. 3° plénière à l'heure de la mort.

16. Une grande sainte disait : *donnez-moi une personne qui fasse chaque jour un quart d'heure de méditation, je lui promets le Ciel.* Faire chaque jour une demi heure, ou au moins un quart d'heure de méditation 1° indulgence plénière chaque mois : 2° une indulgence plénière aussi à ceux qui enseignent les autres à méditer, ou en public ou en particulier.

17. Communion fréquente. 1° indulgence de *cinq* ans, en communiant le dimanche et les jours de fête 2° in-

dulgence de *dix* ans, en communiant une fois le mois, et aux fêtes de Notre Seigneur, de la Sainte Vierge, des apôtres et de la nativité de saint Jean-Baptiste : 3° une indulgence plenière, le jour de la fête patronale du pays où l'on se trouve.

18. Visite d'une image, ou d'un tableau : indulgence de *sept* années ou de *sept* quarantaines, chaque fois que l'image du Sacré Cœur de Jésus, est exposée à la vénération publique, ou dans une église, ou dans une chapelle, ou sur un autel.

19. Actes de foi, d'espérance et de charité. 1° indulgence partielle de sept ans, si on les récite dévotement : 2° indulgence plénière une fois le mois, si on les récite fréquemment : 3° indulgence plénière pour l'article de la mort.

20. Assistance dévote au prône de la paroisse : 1° indulgence de *sept* ans et de *sept* quarantaines 2° Indulgence plénière, avec communion aux fêtes de Pâques, de la Noël, des saints apôtres Pierre et Paul.

21. Le chemin de la croix, ou les stations, est l'espace que l'Homme Dieu parcourut, sous le fardeau de sa croix, depuis le palais de Pilate, où il fut condamné à mort, jusqu'au sommet du Calvaire, où il fut crucifié. C'est une des principales dévotions qui ont pour objet la contemplation des souffrances de Jésus-Christ ; dévotions si efficaces pour ramener les pécheurs à la vertu, pour ranimer et réchauffer les tièdes, pour perfectionner les justes. Le saint-siège permet d'ériger, dans les égliges ou chapelles, des croix et des tableaux, ou bas-reliefs qui représentent les scènes touchantes qui se sont accomplies sur le vrai chemin du Calvaire, à Jérusalem. Benoit XIV dit : que *ceux qui font ce chemin de la croix, avec les dispositions convenables, gagnent toutes les indulgences accordées aux fidèles qui visitent, en personne, les Saints Lieux de Jérusalem : et ces indulgences sont applicables aux défunts.* Ces indulgences, soit plénières, soit partielles, sont en grand nombre : mais on ne les nomme pas.

Deux conditions pour les gagner, sont essentielles, mais elles suffisent. 1° La première est de parcourir réellement les stations, sans en omettre aucune : changer de place à chaque station ; mais si on ne le peut, pour cause d'infirmité, ou à raison de l'exiguité du local, ou de la foule. il suffit de faire quelque léger mouvement et de se tourner vers la station suivante. 2° La seconde condition est de méditer sur la passion de Jésus-Christ, en parcourant les quatorze stations. Il n'est pas nécessaire de faire une méditation sur chacune des stations. On peut se contenter de penser affectueusement à quelque circonstance de la passion. On engage néanmoins, sans imposer cette obligation, les personnes peu occupées ou moins instruites, à réciter un *Pater* et un *Ave* devant chaque croix, et à faire un acte de contrition de leurs péchés.

Observations importantes; 1° La confession et la communion ne sont pas exigées : l'état de grâce suffit, avec un sincère regret de ses péchés ; 2° il n'est plus nécessaire de réciter, à chaque station. l'*Adoramus te, Christe*... le *Pater*, l'*Ave*, le *Gloria Patri*, le *Miserere nostri*. le *Fidelium animæ*, ni *de lire* ces réflexions. qui. dans les livres. accompagnent toujours ces prières. L'usage de faire ces prières, de lire les considérations. aide singulièrement à bien faire le chemin de la croix, mais il n'est pas indispensable. 3° A la fin du chemin de la croix, solennel ou particulier. il faut réciter *Pater, Ave. Gloria*, aux intentions du pape (décret du 2 juin 1838). 4° Les indulgences du chemin de la croix ne se gagnent qu'autant qu'on poursuit, de suite, ou tout d'un trait. les quatorze stations: 5° Si l'on fait le chemin de la croix plusieurs fois le même jour, on gagne chaque fois les indulgences qui y sont attachées.

D'après les rescrits pontificaux, le chemin de la croix n'exige, ni un long temps, ni de longues prières. Les gens de la campagne peuvent faire les stations, avant ou après les offices de la paroisse, ou à tout autre moment plus commode du dimanche. Les chrétiens négligent trop ce grand moyen de sanctification. Et, si, la pieuse mère ne peut elle-même faire le chemin de la croix, un dimanche, pourquoi ne désignerait-elle pas un de ses enfants pour la remplacer?

22. Avec un crucifix, indulgencié pour le chemin de la croix, par un prêtre autorisé, on gagne les indulgences des stations. Mais il faut pour cela : 1° une

impossibilité morale de pouvoir visiter les stations, établies dans l'église paroissiale, ou dans une chapelle publique : ainsi un malade, une personne en voyage, une habitation éloignée considérablement de l'église, une mauvaise saison, quelque infirmité qui rend la marche pénible. etc. 2° En tenant la croix, il faut réciter 1° quatorze *Pater et Ave*, un pour chaque stations : 2° cinq *Pater* et *Ave* en l'honneur des cinq plaies de Jésus Christ : 3° Et à la fin, un *Pater Ave et Gloria* selon les intentions de Notre Saint Père le pape ; 2° le privilège personnel. et la personne seule propriétaire du *crucifix* peut gagner les indulgences du chemin de la croix. On peut aujourd'hui se procurer facilement un crucifix indulgencié pour le chemin de la croix.

23. On appelle Oraison des Quarante Heures, les prières publiques que l'on fait dans une église. les trois derniers jours de carnaval. où l'on expose le Saint-Sacrement. 1° Indulgence plénière , avec la confession, la communion et une visite au Saint-Sacrement. mais une seule suffit pendant tout le temps de l'Exposition : 2° Indulgence de dix ans et dix quarantaines, à chaque visite.

24. A la visite des reposoirs le Jeudi et le Vendredi-Saint est accordée 1° une indulgence plénière, que l'on gagne en communiant le Jeudi-Saint ou le jour de Pâques : 2° Une indulgence de dix ans et de dix quarantaines est attachée à chaque visite, en priant aux intentions du Souverain Pontife.

25. Indulgences de la fête Dieu : 1° de 200 jours à ceux qui jeûnent la veille de cette fête, ou font quelque autre œuvre pie, d'après le conseil du confesseur ; 2° De 400 jours à ceux qui assistent dévotement à la messe le jour de la fête ; 3° Même indulgence pour l'assistance aux vêpres ; 4° De 200 jours pour ceux qui, après. avoir communié. assistent, avec piété. à la procession du Saint-Sacrement. le jour de la fête, ou tout autre jour de l'octave ; 5° De 200 jours en assistant à la messe, ou aux vêpres. les jours de l'octave ; 6° Même indulgence de 200 jours à ceux qui accompagnent la procession du Saint-Sacrement. le troisième dimanche de chaque mois et le Jeudi-Saint.

26. **Pie VII**, rescrit du 21 mars 1815, accorde à ceux, qui font le mois de Marie, ou en public, ou en particulier : 1º 300 jours d'indulgences, pour chaque jour du mois, pourvu qu'ils honorent la très Sainte Vierge par des prières ou autres actes de vertu ; 2º Une indulgence plénière, une fois le mois, s'ils communient.

Rien n'est plus avantageux à une famille chrétienne, que la sanctification du mois de Marie. La pieuse mère obtient facilement que la prière du soir soit faite, en commun, après le souper, devant une image de la sainte Vierge ; en y ajoutant une dizaine de chapelet ou au moins *Notre Père* et *Je vous salue*, pour toutes les nécessités spirituelles et corporelles. Elle charge le plus jeune de ses enfants du soin d'orner ce petit autel, et, pour lui quelle agréable occupation ! Tous les membres tiennent encore à communier une fois, dans le mois de Marie, en l'honneur de la très Sainte Vierge.

27. Les sept dimanches en l'honneur de saint Joseph. Cette dévotion a pour but d'honorer les sept douleurs et les sept allégresses de saint Joseph, par des prières de notre choix que nous récitons, pendant sept dimanches consécutifs et par la réception des sacrements. Indulgence plénière pour chacun des sept dimanches.

28. Dévotion à saint Louis de Gonzague. On ne saurait trop conseiller à la jeunesse. à qui le saint-siège a donné saint Louis de Gonzague pour patron spécial. les six dimanches en son honneur et le jour de sa fête. Conservation de l'innocence, lumière sur la vocation, amour de Marie, bénédiction des études, tels sont les fruits principaux de cette dévotion. d'ailleurs si chère au premier âge. Indulgences : 1º plénière chaque dimanche ; 2º plénière le jour de sa fête 21 juin. Conditions : 1º Les dimanches peuvent être pris ou immédiatement après la fête, ou en quelque autre temps de l'année : 2º Quelques pieuses considérations, ou prières vocales, ou autres œuvres de piété à son choix : 3º Communier, visiter l'église où se célèbre la fête, prier aux intentions du Souverain Pontife.

29. **Le catéchisme. Faire le catéchisme, c'est apprendre la religion** et l'expliquer aux personnes qui en ont besoin. Sont tenus d'enseigner la doctrine chrétienne les curés aux fidèles, les confesseurs à leurs pénitents, les parents à leurs enfants, les maîtres à leurs domestiques, les instituteurs à leurs élèves. Indulgences : 1° De *sept* ans et *sept* quarantaines, *chaque fois*, qu'on explique la doctrine, ou qu'on assiste à son explication ; 2° Indulgence plénière, qu'on peut gagner les jours de Noël, de Pâques et des saints apôtres Pierre et Paul, quand on à l'habitude de faire le catéchisme ou d'y assister ; 3° *Sept* ans aux fidèles, habitués à se réunir dans les écoles, ou à l'église, pour apprendre le catéchisme à gagner aux fêtes de la sainte Vierge, en communiant ; 4° *Sept* aus chaque fois, aux instituteurs, qui, les dimanches et jours de fêtes, conduisent les écoles au catéchisme et le leur apprennent ; 5° Cent jours chaque fois qu'ils le font dans les classes, les jours ouvrables; 6° Cent jours aux pères et mères, *chaque fois* qu'ils instruisent ainsi leurs enfants ou leurs domestiques ; 7° Enfin *cent jours*, chaque fois, à celui qui étudie la doctrine chrétienne, ou pour l'enseigner aux autres ou pour sa propre instruction.

30. **La propagation de la foi** est une institution qui n'a point d'autre but que de concourir, par la prière et l'aumône, à la diffusion de notre sainte religion jusqu'aux extrémités de la terre. Pour participer à cette excellente œuvre, il y a deux obligations, qui ne sont pas onéreuses : 1° Une prière ; 2° Une aumône.

1° On doit réciter tous les jours un *Pater*, un *Ave* : Et cette Invocation : *Saint François Xavier, priez pour nous*. Le *Pater* et l'*Ave* de la prière du matin et du soir, appliqués à cette intention, une fois pour toutes, suffisent pour remplir la première obligation.

2° L'aumône qu'on exige des pauvres est une petite aumône, qu'on laisse à leur générosité et qu'ils peuvent faire ou chaque mois ou une seule fois dans l'année. Cette aumône est remise à M. le curé, ou au confesseur. Indulgence : 1° Plénière, en assistant à la messe le 3 mai, anniversaire de la fondation, et le 3 décembre, fête de saint François Xavier, patron de l'association. Il faut la confession, la communion, et la visite de l'église paroissiale. Mais le confesseur commue très facilement cette visite. pour peu qu'elle gêne en une autre œuvre pieuse. Pour les religieux et les religieuses, la visite à leur chapelle suffit ; 2° Autres indulgences plénières: 1° Deux jours de chaque mois au choix des associés , 2° A l'Annonciation et à l'Assomption. ou un jour de leur octave ; 3° Une fois l'an, le jour où se fait la Commémoration solennelle de tous les associés défunts.

2° Indulgences partielles : 1° 100 jours chaque fois qu'un associé récite contrit de cœur, le *Pater* et l'*Ave* avec l'invocation à saint François Xavier : Priez pour nous ; 2° *Cent* jours, quand on donne au-dessus de l'aumône qu'on s'est imposée.

Par le décret de Pie IX, 17 avril 1855, les enfants qui n'ont point fait leur première communion peuvent gagner toutes les indulgences plénières de la Propagation de la Foi, en remplaçant la communion par une autre bonne œuvre indiquée par le confesseur.

31. L'œuvre de la Sainte-Enfance est une association, autorisée par l'Eglise, d'enfants chrétiens pour le rachat des petits enfants infidèles en Chine et dans les autres pays idolâtres. L'œuvre est placée sous l'invocation de Jésus enfant, La sainte Vierge en st la première patronne. les saints Anges gardiens, saint Joseph, saint François Xavier. saint Vincent de Paul en sont les patrons secondaires. Tout enfant baptisé peut en être membre : Depuis l'âge le plus tendre jusqu'à la première communion : Au dessus de cet âge on est membre agrégé. et on cesse d'en faire partie à vingt-un ans, si on n'est pas associé à l'œuvre de la Propagation de la Foi. Conditions : 1° Payer cinq centimes par mois ou douze sous par an. Verser cette somme annuelle entre les mains de M. le curé ; 2° Réciter chaque jour un *Ave Maria* (On peut appliquer à cette intention celui de sa prière du matin et du soir.) avec cette invocation : *Vierge Marie. priez pour nous et pour les pauvres petits enfants infidèles.* Si l'enfant est trop jeune, ou incapable de réciter les prières, quelqu'un de la famille peut le faire à sa place.

Indulgences plénières : 1° Pour les associés vivants, qu'on peut gagner depuis Noël jusqu'à la purification, avec la sainte communion ; 2° Une autre indulgence plénière applicable aux défunts depuis le dimanche après Pâques, jusqu'à la fin du mois de mai ; mais il faut assister à une messe, dite pour l'œuvre et y communier ; 3° Indulgence plénière, aux fêtes des patrons de la Sainte-Enfance sous les conditions ordinaires, en priant pour l'accroissement de l'œuvre.

32. Accompagner le Saint Viatique chez les malades, avec dévotion et un flambeau allumé, on gagne, chaque fois : 1° *sept ans* et *sept quarantaines* de jours d'indulgences ; 2° sans lumière, on gagne *cinq ans* et *cinq quarantaines* ; *trois ans* et *trois quarantaines*, si on se fait remplacer par une autre personne, portant un cierge allumé ; 4° *Cent jours* pour une personne, qui, ne pouvant accompagner le Saint Sacrement, récite un *Pater* et un *Ave*, selon les intentions du Souverain Pontife.

33. Pour la visite des malades chez eux : 1° 200 jours d'indulgences pour celui qui possède un objet de piété bénit, croix, médaille, chapelet, etc. ; 2° 100 jours, si le chapelet étant brigitté, on récite trois *Pater* et trois *Ave* en l'honneur de Notre-Seigneur Jésus-Christ, ou de la Sainte Vierge, ou de sainte Brigitte ; 3° 300 jours pour les membres de la confrérie du Rosaire ; 4° 100 jours pour les membres des confréries du Saint Sacrement, du Scapulaire, pour les associés de la Propagation de la Foi, etc. ; 5° *sept ans*, si l'on appartient à une congrégation de la Sainte Vierge, agrégée à Rome.

34. La confrérie du Saint Sacrement a pour objet d'honorer Notre Seigneur Jésus-Christ dans le sacrement de son amour, et de réparer les outrages qu'il y reçoit de l'ingratitude des hommes. Pour en faire partie, il est nécessaire : 1° d'être reçu par le prêtre directeur et 2° d'être inscrit sur le catalogue de la confrérie, qui existe dans chaque paroisse. Les principales indulgences sont : 1° plénière le jour de l'inscription dans la confrérie, si l'on communie ; 2° plénière pour tous les membres, le jour de l'octave de la Fête-Dieu, en assistant à la procession de ce jour ;

3° plénière le troisième dimanche de chaque mois, si l'on communie et que l'on assiste à la procession de ce jour ; 4° indulgence plénière à l'article de la mort. Les indulgences partielles sont : 1° de *sept ans* et de *sept quarantaines*, le jour de la Fête-Dieu. en communiant ; 2° la même, chaque fois. qu'un associé accompagne le Saint Sacrement. porté aux malades, ou ailleurs avec ou sans flambeau allumé ; 3° la même à ceux qui visiteront le Saint Sacremet le Jeudi Saint ; 4° la même. une fois chaque jour. pour les mêmes fidèles, qui visitent, après diner le Saint Sacrement, dans une Eglise ou oratoire public ; 5° indulgence de 100 jours chaque fois que les associés exercent quelque œuvre de piété. de charité, par exemple: Accompagner au cimetière le corps d'un défunt ; assister à une procession quelconque autorisée ; donner l'hospitalité à un pauvre ; visiter les malades ; réconcilier les ennemis ; prier pour la conversion des pécheurs ; instruire les ignorants, etc.

35. La confrérie du Sacré-Cœur a précisément pour but d'honorer le divin cœur de Jésus, de lui rendre amour pour amour, de le remercier de l'institution de l'Eucharistie. et de le dédommager de la froideur, de l'ingratitude. et des outrages. dont est souvent payée son infinie charité. Notre Seigneur manifesta lui-même les richesses de son cœur à Marguerite Marie. en l'assurant qu'il *ouvrirait tous les trésors d'amour, de miséricorde, de sanctification et de salut que ce cœur contient, à tous ceux qui lui rendraient et lui procureraient tout l'amour et tout l'honneur qui leur serait possible.* Ainsi inscrire son nom sur le livre de la confrérie du Sacré-Cœur, c'est l'inscrire sur le livre de vie.

Indulgence plénière : 1° le jour de l'admission dans la confrérie ; 2° le jour de la fête du Saint Cœur de Jésus, ou le dimanche qui la suit ; 3° le premier vendredi, ou le premier dimanche de chaque mois: 4° un jour de chaque mois à volonté ; 5° à l'article de la mort ; aux fêtes de l'Immaculé Conception, Nativité. Annonciation. Purification. Assomption de la très Sainte Vierge, de saint Joseph. des Apôtres Pierre et Paul, de saint Jean l'évangéliste, de tous les saints et le jour des morts. (Conditions ordinaires); 6° pour chacun des six dimanches ou des six vendredis, qui précèdent la fête du Sacré-Cœur.

36. Confrérie du scapulaire de Notre-Dame du Carmel.

Le scapulaire consiste en deux petites pièces d'une étoffe de laine, de couleur tannée ou noire, attachées l'une à l'autre par un cordon, de laine ou de coton, de couleur quelconque, qui permettent de le passer au cou, de telle sorte qu'il tombe sur le dos et sur la poitrine.

Le scapulaire doit son origine à une célèbre apparition de la Sainte Vierge, à saint Simon Stock, général des Carmes, en occident, le 16 juillet 1251. Ce saint ne cessait depuis longtemps d'implorer la protection de la mère de Dieu pour son ordre ; dans une apparition, Marie lui présente un scapulaire, qu'elle tenait dans ses mains, et lui dit : « Reçois, mon cher fils, ce » scapulaire de ton ordre : C'est la marque privilégiée que » j'ai obtenue pour toi et pour les enfants du Carmel : » Celui qui mourra revêtu de cet habit sera préservé » des feux éternels. C'est un signe de salut, une sau- » vegarde dans les périls et le gage d'une paix et » d'une protection spéciale. » Ce premier privilège est promis aux associés du scapulaire du Carmel par la puissante et miséricordieuse Vierge Marie.

Le second privilège est un *privilège de délivrance*. Marie daigna se manifester de nouveau au Souverain Pontife Jean XXII, pour lui recommander le saint ordre du Carmel, lui promettant d'aider, de consoler dans le purgatoire les âmes des associés, de les en retirer le plus promptement et surtout le premier samedi après leur mort. Le pape Jean XXII, promulgua ses faveurs, dans une bulle appelée *la Bulle sabatine*. Alexandre V, Benoit XIV, Paul V, et d'autres papes ont approuvé et confirmé cette doctrine.

1° Indulgence plénière ; 1° le jour de la réception du scapulaire ; 2° de Notre-Dame du Carmel : 16 juillet, ou le dimanche qui suit : 3° tous les jours de l'octave ; 4° à l'article de la mort ; 5° à la fête de la Conception ; 6° de la Nativité, de la Purification, de l'Assomption de la Très Sainte Vierge ; de St Joseph, de saint Simon Stock, 16 mai, de sainte Anne, de St Michel, de sainte Thérèse ; 7° tous les mercredis de l'année.

2. Indulgences partielles : 1° *Cinq* ans et *Cinq* quarantaines à ceux qui communient une fois par mois ; 2° à ceux qui accompagnent le Saint Viatique, porté aux malades ; 3° 300 jours en s'abstenant de viande les mercredis et les samedis ; 4° 100 jours chaque fois qu'on fait une bonne œuvre, comme soulager les pauvres, instruire les ignorants, etc.

Conditions pour participer à ces privilèges : il faut 1° faire partie de la confrérie du Scapulaire, en recevant le petit habit des mains d'un prêtre autorisé à le bénir et à le donner ; 2° le porter toujours sur soi ; 3° le premier scapulaire qui a reçu la bénédiction bénit tous les autres ; 4° il est au moins convenable de se faire inscrire sur le livre de l'association.

Pour avoir part aux privilèges de *délivrance de la Bulle sabatine*, c'est-à-dire, de la prompte délivrance du purgatoire, il est requis outre les conditions cidessus : 1° de garder la chasteté propre de son état ; 2° de réciter tous les jours le petit office de la Sainte Vierge ; 3° le grand office suffit pour les prêtres. Pour les personnes qui ne savent pas lire : il faut 1° ne manquer aucun des jeûnes prescrits par l'Eglise ; 2° faire maigre tous les mercredis outre les vendredis et samedis, excepté le jour de Noël, s'il tombe un de ces trois jours.

Ces obligations sont impossibles, ou trop rigoureuses pour la multitude des fidèles : aussi l'Eglise accorde à quelques prêtres le pouvoir spécial de changer l'obligation du petit office et de l'abstinence en d'autres œuvres pies, selon le besoin des personnes : par exemple de réciter une dizaine de chapelet tous les jours, ou un chapelet chaque semaine, etc.

Dans un cas pressant de maladie, ou autre, on peut recevoir une personne, par la seule tradition ou imposition d'un scapulaire bénit d'avance et sans prières formulées.

37. Scapulaire de l'Immaculée Conception, ou le scapulaire bleu. Au commencement du dix-septième siècle, ce scapulaire fut révélé par Notre-Seigneur et la

dfvine Mère à la vénérable Ursule Benincasa, fonda-
trice des religieuses Théatines ou Oblates et Ermites,
à Naples. St Philippe de Néri eut en grande vénération pour cette sainte servante de Dieu, dont les vertus
ont été déclarées *héroïques* par Pie VI, décret du 7
août 1793. Ursule fut favorisée, durant sa vie, de fréquentes extases, et son cœur, tout embrasé de l'amour
divin, ne respirait que zèle pour la gloire de Dieu et
le salut des âmes. Dans un de ses ravissements, le
jour de la fête de la purification. Marie lui apparut,
tenant entre ses bras l'enfant Jésus ; elle était revêtue
d'une robe blanche et portait, sur cette robe. un autre
vêtement de couleur bleue. et un chœur de Vierges,
vêtues de la même manière l'accompagnait. Alors la
sainte Vierge adressa à Ursule ces douces et conso-
lantes paroles : « Prends courage. Ursule. essuie tes
» larmes ; une joie pure va remplacer tes soupirs :
» vois dans mes bras mon Jésus, qui est aussi le tien,
» et écoute attentivement les ordres qu'il va te don-
» ner. » Jésus fit alors clairement connaître à Ursule
que sa volonté était qu'elle bâtit un Ermitage où vivraient. selon la règle des Ermites, trente-trois religieuses vêtues comme l'était Marie, sa très Sainte Mère,
sous le vocable de sa *Conception Immaculée*. Il promit.
ensuite des grâces toutes spéciales, une surabondance
de biens spirituels à toutes celles qui embrasseraient
ce genre de vie. et qui pratiqueraient ce qui, dans la
suite. serait prescrit dans ce saint asile. Alors Ursule
demanda à Notre Seigneur de vouloir étendre ses
faveurs à ceux qui. dans le monde. y vivraient dévoués
à l'*auguste Vierge conçue sans péché*, y garderaient la
chasteté selon leur état et porteraient le petit scapulaire bleu. Pour l'assurer que cette prière était exau-
cée. Notre-Seigneur lui fit voir. durant cette extase.
des anges qui tenaient aux mains un grand nombre
de ces scapulaires. qu'ils répandaient çà et là sur la
terre.

Après cette vision. la servante de Dieu confection-
ne de petits scapulaires bleus et les distribue à un
grand nombre de personnes. après les avoir fait bénir
par un prêtre. Les fidèles les reçoivent avec empres-
sement et les portent avec piété et respect. On voit

se multiplier les fruits de sanctification et de salut, et Ursule a la consolation, avant de mourir. de voir cette pratique de piété se généraliser et s'établir sur des fondements solides. Les Papes Clément X et Clément XI l'ont enrichie d'indulgences.

Les deux fins qu'on se propose en se revêtant du scapulaire de l'Immaculée Conception. sont 1° d'honorer ce glorieux privilège de Marie ; 2° de prier pour la réforme des mauvaises mœurs et le retour à Dieu de ceux qui vivent dans le vice.

Conditions : 1° Un prêtre autorisé. bénit et impose le scapulaire ; 2° il faut le porter le jour et la nuit : 3° le premier bénit tous les autres ; 4° le mê e cordon. tombant sur la poitrine et sur les épaules, peut porter deux scapulaires. Aucune prière n'est déterminée par les Souverains Pontifes, chacun est libre de faire celles qu'il veut. ou telles bonnes œuvres que lui suggère sa piété. pour apaiser la justice de Dieu, et attirer sa miséricorde sur les pauvres pécheurs.

Principales Indulgences pour ceux qui portent le petit scapulaire bleu en l'honneur de l'Immaculée Conception. confirmées par Grégoire XVI. 12 juillet 1845. par Pie IX, 7 juin 1850. et par la Sacrée Congrégation des Indulgences le 21 mars 1857.

1. Indulgence plénière : 1° le jour de la réception ; 2° le premier dimanche de chaque mois : 3° tous les samedis de carème ; 4° le dimanche de la Passion et le Vendredi-Saint ; 5° le mercredi. jeudi et vendredi de la Semaine Sainte : 6° aux têtes de Noël, de Pâques. de l'Ascension. de la Pentecôte. de la Trinité. de l'Invention et de l'Exaltation de la Sainte Croix : 7° aux fêtes de l'Immaculée Conception, de la Nativité, de l'Annonciation, de la Purification, de l'Assomption ; 8° le deux août. fête de la Portioncule ; 9° de la Toussaint, de St-Joseph. de St Michel. des Anges Gardiens. de St-Jean-Baptiste. des apôtres Pierre et Paul, de St Augustin. de sainte Thérèse ; 10° à l'oraison des quarante heures une fois l'année : 11° à une retraite annuelle ; 12° un jour. à son choix. dans l'année ; 13° à l'article de la mort.

2. Indulgences partielles: 1° 60 ans. pour tous ceux qui font chaque jours une demi-heure de méditation,

ou oraison mentale ; 2° 20 ans. pour la visite et l'assistance corporelle ou spirituelle. des malades ou des infirmes ; 3° sept ans et sept quarantaines dans toutes les petites fêtes de la Sainte Vierge ; 4° la même, chaque fois qu'on se confesse et qu'on communie ; 5° encore. en accompagnant le Saint Viatique ; 6° en récitant le soir le *Salve Regina*, et en priant pour les besoins de l'Eglise ; 7° tous les lundis en visitant le saint Sacrement ; 8° 200 jours chaque fois qu'on assiste au sermon : 9° 50 jours en prononçant, avec respect, les saints noms de Jésus et de Marie ; 10° 60 jours pour chaque œuvre pie ; 11° toutes les messes qui se disent, à quelque autel que ce soit, pour les associés défunts, jouissent du bienfait de l'autel privilégié.

Par une grâce bien particulière. les associés qui récitent six fois le *Pater*. l'*Ave* et le *Gloria Patri*, en l'honneur : 1° de la Très Sainte Trinité, 2° et de la Bienheureuse Vierge, conçue sans péché, avec les intentions ordinaires. peuvent gagner, chaque fois, c'est-à-dire autant de fois qu'ils répètent la prière ci-dessus, les indulgences accordées 1° à ceux qui visitent les sept basiliques de Rome ; 2° l'Eglise de la portioncule à Assise ; 3° l'Eglise de Saint-Jacques de Compostelle, en Espagne : 4° et Jérusalem. Ces faveurs si extraordinaires ont été approuvées de nouveau, par la Sacrée Congrégation des Indulgences, 31 mars 1856, et confirmées par Pie IX le 14 avril 1856.

Le Rosaire. Il nous faut considérer ici deux choses ; 1° le rosaire, 2° la confrérie du Rosaire.

1. La forme actuelle est attribuée, d'après les témoignages des Pontifes Romains. à Saint Dominique. qui eût. vers l'année 1206. une révélation particulière de la Sainte Vierge, qui lui dit : *Instituez le Rosaire, c'est le remède à tant de maux qui vous désolent*. St Dominique use de tout son zèle pour établir et propager le Rosaire, et cette pieuse pratique obtient d'innombrables conversions, et les triomphes les plus merveilleux sur les hérétiques Albigeois. qui infestaient les provinces méridionales de la France.

Le Rosaire se compose de quinze dizaines d'*Ave Maria*, avec un *Pater* au commencement de chacune et qu'on récite en méditant pieusement, selon sa capacité, sur les principaux mystères de la vie. de la mort et de la résurrection de Jésus-Christ. L'Eglise regarde ces *Pater* et *Ave* comme autant de roses, dont on forme quinze couronnes que l'on offre à la Reine des Cieux et de là le nom de Rosaire.

Le Rosaire se compose de trois chapelets. chacun de cinq dizaines *d'Ave Maria*. avec un *Pater* au commencement de chacun et un *Gloria Patri* à la fin. après lequel on annonce le mystère correspondant et la vertu qui est proposée. Ce chapelet doit être récité d'un seul trait.

1. Les mystères joyeux sont 1° l'Annonciation : Vertus à demander : la pureté et l'humilité ; 2° La Visitation : Vertu, la charité fraternelle ; 3° La naissance de Jésus : Vertu. l'amour de la pauvreté : 4° Jésus présenté au temple : Vertu, l'obéissance : 5° Jésus retrouvé au temple : Vertu. la ferveur dans nos prières.

2. Les cinq mystères douloureux : 1° l'agonie de Jésus : Vertu, la contrition de nos fautes ; 2° la flagellation : Vertu, la mortification ; 3° le couronnement d'épines : Vertu, le renoncement ; 4° le portement de la croix : Vertu, la patience ; 5° le Crucifiement : Vertu. l'amour de nos ennemis.

3. Les cinq mystères glorieux : 1° La Résurrection : Vertu, la conversion des pécheurs ; 2° L'Ascension : Vertu, le détachement ; 3° La descente du Saint-Esprit sur les apôtres : Vertu. l'amour de la retraite ; 4° L'Assomption de la sainte Vierge : Vertu, la grâce d'une sainte mort : 5° Le couronnement de Marie au ciel : Vertu. la dévotion à la sainte Vierge. (On peut remplacer ces vertus par d'autres. selon sa piété.) Mais nous demandons. par la dizaine de chapelet, qui suit, la grâce que nous nous proposons. L'Eglise se sert des mystères et du souvenir des vertus correspondantes, comme d'un antidote puissant contre les vices et les hérésies. Benoit XIV, 26 mai 1727, dit, qu'il suffit à ceux qui, par défaut de capacité, ne savent point méditer, de réciter le chapelet ou le Rosaire avec dévotion pour participer aux indulgences.

Indulgences : Benoit XIII, 13 avril 1726, accorde ;

1° A tous les fidèles, qui récitent, avec un cœur contrit, ou le Rosaire entier ou un chapelet, 100 jours d'indulgences, pour chaque *Pater* et pour chaque *Ave*. 2° Une indulgence plénière une fois par an, au jour qu'on se choisit, à ceux qui auront récité, chaque jour le chapelet. Pie IX, en confirmant ces indulgences, ajoute une autre indulgence de dix ans et dix quarantaines, pour ceux qui, avec un cœur au moins contrit, récitent, conjointement avec d'autres, soit en public, dans l'Eglise, par exemple, soit en particulier, dans les maisons, ou ailleurs, la troisième partie du Rosaire. Et il accorde aussi à ceux qui ont la coutume de réciter ensemble le chapelet, trois fois par semaine au moins, l'indulgence plénière le dernier dimanche de chaque mois. Si nos occupations ne nous permettent pas de dire *chaque jour* en entier le Rosaire, ou le chapelet, disons-en du moins une partie ; ce léger tribut, présenté à Marie, fixera sur nous ses bénédictions. La mère de famille, soucieuse de son salut et de celui de ses enfants, ne manque jamais, chaque dimanche, après le repas du soir, de réciter en commun le Rosaire, ou au moins un chapelet. La semaine, offerte à Marie, sera heureuse. Saint François Xavier guérissait les malades par l'attouchement de son chapelet. Saint Charles Borromée semblait attacher à la seule dévotion du Rosaire la conversion et la sanctification des fidèles de son diocèse. Et le pape Grégoire XVI a écrit que le *Rosaire est le merveilleux instrument de la destruction du péché, du recouvrement de la grâce et de la gloire de Dieu.*

Conditions : Il nous est très avantageux, de réciter dévotement notre chapelet : 1° En le prenant pour le dire ou en latin ou en français, nous proposer ou une vertu à pratiquer, ou un défaut à corriger, ou une prière à sanctifier, ou une action à recommander à Marie : 2° Baiser, avec amour, la croix du chapelet, la tenir entre les mains en récitant: *Je crois en Dieu* ; 3° Dire ensuite *Notre Père*, sur le premier gros grain, les trois *Je vous salue*, sur les trois petits grains qui suivent, et sur le gros grain, qui les accompagne, annoncer le premier mystère de la partie du chapelet qu'on a en vue ; 4° Le premier *Notre Père* de chaque dizaine doit être dit sur le grain du milieu, qui indique la fin d'une dizaine et le commencement de l'autre ; puis les doigts doivent glisser sur chacun des autres grains ; 5° Avoir toujours un chapelet *Brigitté* par un prêtre autorisé ; 6° Il n'est pas nécessaire de dire le Rosaire ou le chapelet à genoux, on peut donc le réciter en marchant, en travaillant, même au lit, lorsqu'on ne dort pas, etc.

2° La confrérie du *Rosaire* est une association de fidèles qui se proposent d'honorer Marie par la récitation du chapelet ou du rosaire, autorisé par l'Eglise, et sous la direction de chefs spirituels. Celle du rosaire commença durant la vie de St Dominique. Les plus grands papes Sixte IV, Clément VII. Léon X, saint Pie V. Sixte V, etc., l'approuvèrent et l'enrichirent de grandes faveurs spirituelles. La direction en est confiée aux religieux dominicains. Il est dans l'Eglise peu de confréries plus généralement répandues, et plus fécondes en fruit de salut, soit pour chaque fidèle. soit pour les familles soit pour les paroisses, soit pour les diocèses, soit pour les Empires, soit pour l'Eglise universelle : et comme d'ailleur les obligations qu'elle impose sont faciles à remplir, chacun doit tenir grandement à s'y agréger. Les époques les plus naturelles pour toute les personnes sont 1° le jour de la première communion ; 2° la fête du grand rosaire, le premier dimanche d'octobre.

3° Les indulgences principales accordées à la confrérie du rosaire par plusieurs pontifes romains. entre autres par St Pie V. Sixte V. Grégoire XIII, Innocent XI, 31 juillet 1679, Pie VII et Pie IX 12 mai 1851, sont les suivantes :

La providence réservait au grand Pape régnant, Léon XIII (1888) comme la plus pure joie de ses noces d'or, la gloire de faire revivre la dévotion du chapelet, en faisant appeler le mois d'octobre, *le mois du très sacré rosaire.* Les membres de la confrérie du Saint Rosaire gagnent les indulgences attachées à la récitation du chapelet et de plus : I. Indulgences plénières ; 1° le jour de l'inscription (cette indulgence peut être gagnée le dimanche ou le jour de la fête qui suit l'inscription) ; 2° le premier dimanche de chaque mois, en communiant dans l'église ou chapelle où la confrérie existe, ou bien la visitant ce jour là, si on communie ailleurs ; 3° une seconde indulgence plénière, en assistant à la procession. (Les domestiques. les malades, tous ceux qui ne peuvent point assister à la procession, récitent le chapelet en entier, ayant le désir de communier quand ils le pourront. Les mêmes personnes sont dispensées de la visite de l'église de la confrérie, les jours où l'on célèbre les mystères du rosaire, et gagnent l'indulgence par la communion et par la récitation du chapelet.) ; 4° à toutes les fêtes de la sainte Vierge. à celle du Rosaire en particulier ; 5° les jours de Pâques. de l'Ascension, de la Pentecôte, de la Fête Dieu, de Noël. de la fête du patron de l'Eglise, et le dimanche dans l'octave de la Nativité de la Sainte Vierge ; 6° deux vendredis du carême au libre choix des associés ; 7° à l'article de la mort.

II. Indulgences partielles : 1° 300 j. pour visiter les infirmes, et accompagner les morts à la sépulture ; 2° 100 j. pour visiter l'église ou la chapelle du rosaire, et celà *chaque fois* ; 3° 140 j. en engageant les autres à réciter le rosaire. et *chaque fois* ; 4° 100 j. chaque fois qu'on assistera au chant du *Salve regina* ; 5° 60 j. pour toute œuvre de piété ou de charité.

L'autel du Rosaire est privilégié de droit pour tous les prêtres, membres de la confrérie, disant la messe pour un associé défunt ; ce privilège est local et non point personnel.

Les associés du Rosaire ont la pieuse habitude de faire bénir par le directeur de la confrérie un cierge qu'ils gardent avec soin dans leur maison. On le leur met dans les mains. lorsqu'ils sont sur le point de rendre le dernier soupir, et s'ils meurent, en le tenant à la main, on pense qu'ils gagnent l'indulgence plénière.

Sa Sainteté Pie IX, 12 mai 1831, a confirmé toutes les indulgences accordées par ses prédécesseurs. tant aux confrères du Rosaire qu'aux simples fidèles qui récitent le chapelet.

TABLE DES MATIÈRES

CHAPITRE PREMIER

CHAPITRE DEUXIÈME

CHAPITRE TROISIÈME

CHAPITRE QUATRIÈME

Appendice.

Rodez. — Imprimerie CARRÈRE.